순간=영원

순간=영원

정인효 감성시집

" 모든 순간은 영원이 됨을… **"**

다산글방

| 작가의 말 |

순간은 영원입니다.
모든 순간은 영원이 됨을 믿습니다.

지금, 이 순간.
찬란한 감동이 되어 다가오는 모든 사람들,
주위의 모든 것들에게 감사합니다.
결혼 20주년, 아내에게 약속한 대로
책을 선물할 수 있어 행복합니다.

사랑하는 아내, 아들, 딸, 엄니, 아부지, 가족들,
모든 사람들이 이 순간을 놓치지 않길 바랍니다.

부끄럽지만 저의 생각과 마음을
책으로 엮어 세상에 내놓습니다.
또 다른 인생의 첫 걸음마를 시작합니다.

2016년 가을
정인효

차례

제1부

아내 1 011
아내 2 012
아내 3 013
결혼 1 014
결혼 2 015
결혼 3 016
사랑 1 017
사랑 2 018
사랑 3 019
사랑 4 020
사랑 5 021
사랑 6 022
사랑 7 023
사랑 8 024
사랑 9 025
사랑 10 026
아침 027
봄비 028
섬진강 029
부상 030

어제 031
그리움 1 032
그리움 2 033
그리움 3 034
해 035
떨림 036
아침 037
가을덕석에 엎드려 038
지금 039
꽃 사랑 040
깃발 041
낙엽 1 042
낙엽 2 043
낮술 1 044
낮술 2 045
낮술 3 046
단풍 047
당신을 보며 048
마음 1 050
마음 2 051
미소 052
봄 053
비 054
슈퍼에서 055
화산 056
가을 햇살 057

첫키스 058
가을 059
너 060
예약메시지 061
외사랑 062
눈을 감다 063
쓰레기 064
운전 065
벽 066
기도 067
월요일 069
첫사랑 070
편지 071
존재 072
자유 073
질문 074
이별 1 075
이별 2 076
이별 3 077
이별비 078
인연 079
잉걸불 080

차례

제2부

순간 = 영원 1 083
순간 = 영원 2 084
순간을 사랑하여 085
찰나 086
무상 087
지금 088
까부는 것들에게 089
산 090
세월 091
소리 092
삶 093
아침 094
말 095
불나비 096
사는 일 097
새싹 098
마흔 1 99
마흔 2 100
가을 101
필연 102

페르소나 103
참회 104
청년에게 105
첫눈 106
아파하지 마라 107
섣달 그믐날 108
낙엽 1 109
낙엽 2 110
하루 111
해안 112
형 113
내편 114
넘어진 자를 위한 충고 115
어둠 속에서 116
당부 117
모두 벗다 118
꿈 1 119
꿈 2 120
기도 121
그대로 122
어울림 123
인생 124
걸음 125
여행 126
옳음에게 127
자본주의 128

거울을 보며 129
강 130
희망 131
소망 132
비 내리는 석양 133
소나기 134

차례

제3부

기숙사 137
딸 138
아들딸에게 139
아이들을 위한 기도 140
여행가방 141
부자 142
배웅 1 143
배웅 2 144
햇살 145
아비 새 146
씽씽흐다는 것 147
엄니의 목욕 148
엄니의 미소 149
전화 150
편지 151
해 1 152
해 2 154
거울 155
하고 싶은 말 156
국민학교 도시락 158

기차 159
끈 160
노모 162
눈이 오시면 163
그 밤 164
시골 전화벨 165
아부지의 냉장고 166
엄니 걱정 167
이야기 168
전화통화 170
정전 171
치약 172
병원에서 173
엄니 174
모의고사 2교시 177
중간고사 178
아이 학교 가는 길 179
고3 교실 180
교사 181
교실 가는 길 182
선생님 183
수박 팔러 가는 길 184
시험 185
점심시간 186
울컥 187
학생들에게 189

젊음에게 190
최종 191

8 순간 = 영원

제1부

아내 1

그녀
나에게 와 그림자 되었다.

사랑한다는 말은
석양 뒤에 서서

아내 2

탱탱한 가슴

젊은 내가 다 빼 먹고

이제는 세월처럼

나긋나긋 말랑해져

미소와 함께 푹신한

여인

아내 3

영원히
사랑할 줄 알았다.
사랑에
끝이 없는 줄 알았다.

노력한다.
당신을 빛내기 위해

고민한다.
가장 당신다운 모습을

당신은 내 아내다.

술 마시다 취해
노려봐도
여전히 귀엽다.

결혼 1

설레는 것들의
이야기
여전히 떨리는
싱싱한 입술

달짝지근한
새벽
토실한 엉덩이의
풍성한 하품

자는 척
안겨오는
우유 빛
젖가슴

처녀와 엄마의
비릿한 경계

결혼 2

쌓인 시간만큼
마음이 아리는 것도

추억만큼
사랑하게 되는 것도

함께 걸어가는 길

결혼 3

다름을
안다는 것은

서로의 차이를
이해한다는 것

너와 나를
서로 다른 각도에서
바라볼 수 있다는 것

있는 그대로의
서로를 사랑한다는 것

하나의 가능성

사랑 1

구름은 나무에 걸렸다.

나무는 바람에 흔들리고.

사랑 2

빗속의 꽃잎처럼
그대 아슬

나의 마음 하나
뚜~욱

사랑 3

난로를 향하다

가장자리부터

녹아내리는

비닐

사랑 4

사랑은 외롭다.
너도
똑같은 나라고 생각하니
미치도록 외롭다.

사랑 5

너에게

자유가 있다는 건

나에게

그리움이 있다는 것

끝나지 않은

잠들지 못하는

밤이 있다는 것.

사랑 6

너를 만나
멈췄다.
눈과 발

나는 어디에 있고
무엇을 하는지
산은 산대로
강은 강대로

또 한 번
너를 만나러
세상을 멈췄다.

사랑 7

시간
공간
머리
모두
댕강
잘라
너에게
가는
길

사랑 8

비
쏟아지던 날

빗방울 속
그리움

땅 속으로
비행하다.

사랑 9

거울보다

물에 비춰진

얼굴이

외로운 것은

바람이 있기 때문입니다.

사랑 10

홀로 서는 연습의 걸음마

자신 안의 상처를 메꾸며
안도하는 마음의 희열 일기

고독보다 더 아픈 수련을 위해
스스로 내던지는 마지막 한 수

들판에 나무처럼
홀로 바람 맞으며
추억들의 파편들을 안고
독존(獨存)으로 향하는 길

끝내
스스로를 넘는 일.

아침 1

아련한 희망이
다가오는 시간

가슴에 밀려오는
소슬한 그리움

술 취한 목소리에
묻어오는 여인

사랑을 능그는
투박한 방아질

봄비

그리워하여
비는 허공에 멈추고

사진처럼 남은
너의 목소리

잊어야만 한다던
잊어버리고 말자던
마음 속 말들
서서히 젖어

다시 내리는 너

섬진강

징검다리 위
긴장과 느슨함

어떤 이의 감상과
사람의 일

사랑하는 것들은
모두
제 갈 길을 가라.

투명한 듯
보이지 않는
마음의 길

향하는 것들에게
모두
되돌아서라.

부상(負傷)

부딪치는 것
향하는 곳 있어
이른 새벽
'쿵'

그리움
막막한 어둠 속에
한~수~움

사랑이 아름다운 건
상처를 핥아주며
나를 넘는 일

너의 상처를
내 몸 속에
품는 일

어제

꽃 핀 줄 모르고
꽃 찾아 다녔다.

꽃인 줄 모르고
꽃 필 줄 몰랐다.

꽃 질 때 아닌데
먼저 마음 접었다.

그리움 1

수줍은 발자국
대문을 길게 돌아

서툰 표정으로
아슬아슬 까치발

떠오르는 해는
바알간 색시 볼

그리움 2

담지 않았는데
넘칠 리 없다.

넘치는 건
모두
너를 담았다.

그리움 3

길은
사람을 보듬는다.

사람의 그리움은
길 위에 눕는다.

어둠이 길에 닿으면
다시 일어서는
그리움의 그림자
하늘에 닿는다.

해

세상에서
가장 행복한 일은
너의 그림자를 만드는 일이니
너로 인하여 그림자가 되는 일이니

너를 향하여 차마
눈 뜨지 못할지라도
너의 뜨거운 정열에
목숨 거는 일일지니

한 번을 살아도
뜨거운 너의 안에서
숯덩이처럼 타들어 갈지라도
회색빛 재로 남을 지라도

하루를 살아도
바알간 너의 안에서
불나방처럼 춤추고 싶다.

떨림

산다는 것
영원 같은
시간의 감옥

너를 향한
도돌이표는
찬란한 떨림

정해진 길은
없었으나
운명 같은
나의 길

아침 2

모든 꿈들을
접어
햇살들의 알갱이로
날려 보내면

너의 숨소리
향기 되어
하루의
시작

가을 덕석에 엎드려

뭉게구름
아름다움

알게 해준
파란 하늘

토닥토닥
내 아내의

토실토실
엉덩이

지금

어떤 최고의 상태는
영원하지 않다.

고로
지금 지나는 여기,
이 순간이
최고의 상태이다.

멈춰진
어떤 최고의 사랑은 없다.

그러므로
지금 이 사랑이
가장 완벽한 사랑이다.

꽃 사랑

너는 노랗고
나는 하얀데

같은 하늘
같은 시간

차라리 한번
흐드러지게 피었다 지는

하나의 찰나.

깃발

사랑은 바람으로 온다.

마음은 펄럭이며 간다.

낙엽 1

떨어진 나뭇잎들을
밟아본 적이 있는가?

허허로운 바람에
끊임없이
사각거리고도

자신을 말려
부서뜨리며 내는 소리를
들은 적이 있는가?

낙엽 2

그리움 사랑으로
태어날 때

상처는 어둠으로
막막할 때

누구나 나를
태우는 일은

너를 품는 일
나를 넘는 일

가을 낙엽으로
마음
떨어뜨리는 일

낮술 1

해는
누군가에겐
파도가 된다.

바알간 물의 일렁임으로
가을 가슴팍에 부닥친다.

토해내는 광기 없이
시간을 걷는다는 것에 대해
부끄러워질 무렵
소주 한잔에 물결은 출렁인다.

말괄량이 아내의
은은한 눈길도
새초롬한 미소도
발그레한 햇살로 온다.

사랑은 파도가 된다.

낮술 2

경계에는 술이 있다.
의식과 반의식의 경계에는
햇살을 눈꺼풀 위에 받으며
낮술을 마시는 일은 의식을 허무는 일이다.
그렇게 우리는 현실을 떠나 가면을 벗어 던진다.

다시 사랑했던 여인을 떠올린다.
경계에는 사랑이 있다.
사랑을 하는 일은 의식을 허무는 일이다.
술이 의식을 허무는 순간에도
과거의 사랑은 살아와 의식을 더 빨리 허문다.
경계에는 무너질 듯 술과 사랑이 있다.

낮술 3

다시
눈길 가는
여인의
자태보다

농염한
미소
매끄러운
속살보다

더
살맛나는

가을 햇살

단풍

소리를 내어
부르고 싶어도

소리 없는
노래보다
가벼워질까 봐

기다리다
기다리다
벙어리가 된

가슴으로 부르는
가을의 노래

당신을 보며

누군가를 한동안
그윽하게
바라볼 수 있음은
참 사랑이 마음 안에 있다는 것

힘겨운 씨앗들
내려놓지 못하고
꼭 껴안은 해바라기처럼
기꺼이 누군가의 무게를
홀로 견디는 것

누군가의 눈 속에 오랫동안
빠질 수 있다는 건
그 안의 사랑에 나를 던질 수 있다는 것

누군가를 지긋이
바라볼 수 있다는 건
나의 모든 거짓 들켜도
하나도 부끄럽지 않다는 것

마음 1

마음과 마음이
만나는 길은
눈과 눈이
만나는 길보다 멀어

돌아와 돌아와
또 다른 길에서 돌아와
너의 마음 마주하고 싶어도
보이지 않는

너의 마음 찾아 헤매다
결국 만나는
또 하나의 내 마음
내 마음의 반대쪽

마음 2

어렵게 잡은 가지
흔들리는 나뭇잎

가을 햇살 떨림
차라리 낙하

또 한 번의 추락
비상(飛上)의 기대

영원히
잡을 수 없는
계절

미소

왔던 길

다시 돌아

한잔 술

봄

햇살 너의 안으로
나를 밀어 넣는다.

따스한 너의 속에서
혈관들은
녹아내릴 듯
부풀어 터질 듯

두 눈 감은
눈썹위로
수줍은 여인의 숨결

너는
나를 껴안는다.

비

떨어지는 것은
자유

흔들리는 것은
마음

슈퍼에서

막대 사탕을 고를 때도
떨리는 손가락

무언가를 선택할 때
손끝은 숨 가쁘고

너의 호흡을
들이 마시듯

입맞춤 같은
선택

화산(火山)

기다림은
그리워하는 자를
향해 있으므로 서럽지 않다.

보고 싶은 마음
일제히 밀고 올라오는
감정들의 폭발은
여인의 품에서 평화가 된다.

무한한 시간
끝없이 깊은 땅 끝 안에서
운명은 끝내 만나고야 만다는
생사보다 더 처절한 진리

사랑은 그렇게
맹목의 신념으로
하늘의 질서보다
더 굳은 화석

가을 햇살

그리움에
눈 감으면
홍시 빛 입술

그리움에
눈 떠보면
하늘 빛 미소

첫 키스

단풍처럼 와서

낙엽처럼 가버린

첫 눈

가을

싸늘함이
가슴으로
너처럼
밀려오면

복도 끝
햇살처럼
내 안에
들어오면

내 마음
하나둘
바람처럼
흩어지고

너

내 마음

그 끝을 향하여

흐르는 강

예약 메시지

사람은 없고
마음만 남았다

사람이 없는 자리
마음이 알았다.

외사랑

아픔보다
긴 터널

사람은
마음으로
여행을 짓는다.

꿈보다
더 서러운
현실의 너는

허황한
가슴으로
길을 세운다.

눈을 감다

사라진다는 것은
마주보지 않는다는 것이고
함께 숟가락을 들지 못한다는 것이고
향하여 달려갈 수 없다는 것이다.

사라진다는 것은 영원하지 않기를
하늘의 일
알 수 없어
차라리 가슴 한 구석 도려내는 일

사라지는 것은
사라진다는 것은
볼 수 없어서
마음 결코 놓을 수 없어서

차라리
눈 감아 버리는 일

쓰레기

눈 내린 길
하염없이 걷다보면
시려오는 발목
젖어오는 그리움

발끝부터 시작된
차디찬 습격은
가슴을 파고들어
고드름처럼 날카롭고

눈 내린 새벽
얼어있는 쓰레기
그녀의 기차역 광장

운전

앞 차는
그녀를
만나러 가나보다.

브레이크 등이
바쁜 걸보니

벽

밤하늘엔 별빛도 보이지 않고
가로등 하나 거리를 지키는
사람들은 잠들어 추운 마을
나의 발자국 소리를 들으며
추위에 작아진 방문을 연다.

외투도 벗지 않고 모로 누워
차가워진 너를 만진다.
한때는 아궁이처럼 뜨거웠던
다시는 돌아오지 않을 너의 뒤엔
새로운 사내가 삶을 토하는 새벽

혼자 잠드는 일이 익숙한 날들
차디찬 너의 가슴에 얼굴을 묻는다.

기도

진실은
가끔
가려져 있을 때
더 아름다운 법

누이여

사랑이 한 때
거짓이었을지라도
새로운 사랑으로
넉넉히 안아
이 가을의
사랑으로 물들게 하소서

영원은 영원히 오지 않아
순간들이
우리를 괴롭힐 지라도

나약했지만
따스했던 영혼을
거두어주소서

누이여

월요일

무너진 것들에게
꽃잎은 떨어진다.

오늘이 있어서
어제가 있다.
너도 그렇게 왔다.

사랑보다 진한 건
말하지 못한
술잔의
기억

하루를 살기 위해
가면을 쓰는 아침
사내가 죽는다.

첫사랑

잊혀진 듯 기억나는
주근깨 얼굴

꽃무늬 긴 치마
향기처럼 펄럭이며

또랑또랑 미소 짓던
다홍빛 입술

복도를 날 듯 뛸 듯
콩콩 걷던 선생님

편지

유독

젖은 가슴을 지닌

사람의 이야기는

봄의 꽃잎에서도

낙엽 냄새가 난다.

존재

너와 함께하는
나의 존재는
나만의 내가 아니므로
내가 아니며

너 없는 나는
규정 불가능한
존재에 대한
부정(不定)이므로
허상(虛像)이다.

그리하여
너 없는 나는
없음이 된다.

자유

완전한 자유는
나를 버리는 것이기에

나는 아직도
구속되어 있다.

누군가의 사람이
사랑을 하고

자유는
밤거리를 떠돌고 있다.

질문

거미줄에 걸린
노란 은행잎 하나

은행잎의 생각일까
거미줄의 생각일까

잠들지 못하고
일어선 새벽

홀로 걷다
다시 돌아와 묻는다.

이별 1

토란잎 이슬처럼
흐르는 눈물

눈물보다 더 슬픈
눈물의 흔적

이별 2

사람을 만나고 헤어지는 일은
나의 마음을 하나씩 자르는 일입니다.

허허로운 나뭇가지
낙엽 떨어지는 일처럼

나의 가슴에서 영혼을
하나하나 떨어뜨리는 일입니다.

졸린 눈꺼풀
서서히 눈망울 잠식하는 일처럼

나의 가슴
커튼처럼 서서히 내리는 일입니다.

이별 3

너의 모든 걸 용서한다.

나의 모든 걸 용서할 수 없다.

이별 비

비보다 슬픈 건
눈동자 같은 빗속 투명한 시간들

지난 모든 것을 품에 안고
떨어지는 것은 그리움의 끝이다.

세상보다 더 멀리 가고 싶었던 청춘
그를 동경한 소녀의 엇갈림

비들의 속삭임보다 소중했던 것들
새벽보다 어둑어둑하고자 했던 가을비의 아침

한 번도 쉬지 않고 걸어왔던 너를
마지막으로 빗속에 두고 떠난다.

사람의 일은 비의 기억보다
더 허공에 있을 테니
잠시 나는 너를 잊는다.

인연

슬픔은 이야기만큼 기다린다.

이야기의 길이만큼 슬픔은

슬픔은 사연만큼 기다린다.

사연의 깊이만큼 슬픔은

영원히 기다린다.

너를

나는

잉걸불

슬픔을 말리는 자
마음을 녹이는 자

세월보다 먼저 떠나
외로운 자

뒤

꺼지지 않는 너

제2부

순간 = 영원 1

없는 듯 고요보다
소르르 떨림 하나

누군가를 갈구하는
그리운 눈길 하나

한겨울 삭풍에도
떨어지지 않는 잎

운명을 거역하는
사랑의 숨결

의지의 순간은
영원의 풍경

순간 = 영원 2

모든 순간은 영원으로 흐른다.

아니

모든 영원은 순간으로 포착된다.

순간을 사랑하여

아이들의 노는 소리
까르르 웃는 소리
햇살처럼 쏟아져
마음에 내리고

해질녘 굴뚝엔
배부른 연기
나지막히
굼뜨고

강물에 사연 띄운
야생화의 바알간 볼
임처럼
곱게 오는

순간을 사랑하여
동그란 마음

찰나

누군가의 뒷모습을 향해
사랑한다고 외치지 마라.

우리들의 사랑은
지나버린 일이 아니며
다가올 일들은 더더욱 아니다.

꽃에게서
푸른 잎들과
단풍의 흔적을 그리워마라.

꽃의 아름다움은
지난 것들이 아니며
다가올 것들은 더더욱 아니다.

무상(無常)

사랑은
한 곳만을
바라보지 않는다.

미래는
과거를
사랑하지 않는다.

오늘은
오늘을
사랑할 뿐

울고 있는 당신
오늘만
눈물 흘리시길.

지금

한걸음이
목적지보다
더 의미 있어야 하는 건
다음 한걸음이 더 자유롭기 때문

지금
내딛는 이 걸음에
생의 기쁨을 실어 보내니

지난 너와
오늘 나는
다시는 이별하지 말자.

까부는 것들에게

까부는 것들은
까부는 것들만의
철학이 있다.

엄니가
챙이로
나락을 까불 때처럼

산

하루를 건너기 위해
마음 하나 내려놓는다.

돌탑 몰래 쌓는다.

숨은 꽃 하나
찾기 위해
길이 온다.

산에 오르는 이에겐
기다리는 내일이 있다.

세월

떨어진 꽃잎은
꽃을 탓하지 않는다.

사랑에 실패해본 사람은
곪은 상처를 빨아낸다.

뒷골목에 갔다 오면
천천히 걷게 된다.

소리

소리는
살아있음을 갈구한다.

빛의 따스함이
시간의 역사 속에서 데워지듯이
점점 더 우렁차게

모든 나약함이 그렇듯이
침묵이 그렇듯이
숨겨진 사연들
어둠 속으로 가라앉듯이
더러움은 소리가 없다.

생존보다
질긴 의지가 어디 있으랴

살아있음은
밝은 소리로
우리를 깨운다.

삶

풀
한
포
기

새
한
마
리

단어
하나
만나기
위해
걸어갑니다.

그
길
설렙니다.

아침

아침을 맞이하는
마음은

친구를 기다리는
아이의 눈망울

봉숭아 꽃 기다리는
소녀의 손톱

새로운
떨림은
아침의
영광

말

말을 걸면
걸린다.

걸린 말은
더러워진다.

더러워진 말은
못된 세상

못된 세상은
또
말을 건다.

불나비

해야 할 것들이
하고 싶은 것들일 때
너는
뜨거운 불꽃

어둠 속
불빛을 향하여
매섭게 돌진하는
버얼건 춤사위

모든 것을
토해내고
자신마저 태워 얻은
마지막 광기

한 티끌의 아쉬움도
남기지 않는
순간을 살아도
당당한 너.

사는 일

누군가 말한 진리는
어김없이 온다.

밥 먹는 일에도
잠자는 일에도
사랑하는 일까지

먼저 산 자들의
마음은
어김없이 온다.

낡은 햇살과
터진 빗방울
구멍 난 흰 눈에도

새싹

나의 모습이
지난해 당신과 다른 이유는
아직 세상을 알지 못하기 때문입니다.

나의 색깔이
지난해 당신과 다른 이유는
아직 당신만큼
빛을 사랑하지 못하기 때문입니다.

수많은 바람과 비를
알지 못하기 때문입니다.
지난해 당신과 다른 이유는

마흔 1

끝에 가서 아는 것보단
중간쯤 가서 알게 되면
중간만큼의
시간을 버는 것일 텐데
희한하게도
알게 된 뒤로도
전의 것들을
기억하지 못하여

스무 살 청년의
그 모습대로
그 생각대로
조금은
늙은 몸뚱이를
끌고 다닐 뿐

절약한 시간은 어디에 있을까?

마흔 2

반성문의 첫 페이지

나에게서 너에게로 출발

밖에서 안으로 향하는 창문

가을

비와 함께 내린
노란 은행잎
고대 화석처럼
차창에 남았다.

계절에 사라진
사랑은 멀고
투명 창에 얼굴 내민
존재의 기억

마른 세월 동안
철들지 않은 나는
비들이 적시고

가을은 간다.

필연

스물
타인을 향해 쏜
화살들이

이제
마흔의 심장으로
날아온다.

피할 수 없다.

걸음은 느려지고
감각은 무뎌져

온몸으로
온몸으로
과녁이 된다.

페르소나

나보다 더
잔인한 나는 없고

나보다 더
나 같은 나는 없으므로

나는
스스로 배반하고
스스로 위로하여
모든 오늘을 살아내야 한다.

너보다
더 잔인한 자유의 나는.

참회

참회는
나이를 먹는다.

세월이 흐른 만큼
나이테 늘어나듯

당당한 시간보다
비굴한 날들이 더 생생하다.

청년에게

숨 쉬는 것들에게
내일은
오늘이다.

꽃을 위하여
겨울나무는
서럽지 않듯이

너에게
오늘은
내일이다.

첫눈

천근만근 육중한 듯
깃털 같은 가벼움인 듯
세월보다 먼저인 듯

강물보다 더 서러워
허공을 떠도는
아득한 마음

차라리 시인으로
흩날리는
계절보다 앞서간 사랑

버림받은 자들의
발자국을 덮는
하얀 입술

아파하지 마라

누구 한 번 가슴에
가시 박힌 아픔 갖지 않았겠는가?

슬퍼하지 마라.
처음부터 슬픔은
우리들의 친구가 아니었던가?

강한 척 하지 마라.
아프고 힘들 땐
잠시 자신을 내려놓고 하늘을 보라.

비오는 저녁
비를 피하지 마라.

가끔은
미워지는 자신을 미워해도 될 일이다.

섣달 그믐날

산허리 햇살
소리 없이 지네

사람의 일
하릴없이 돌아오나
나무와 풀과
흙에 앉아있던

태양의 아들딸은
새날을 향하는데

첫사랑의 그녀처럼
떠나가는 이야기

낙엽 1

너
어디로 가는가?

마른 물음표
길 위에
세월 묻는데

너
어디로 가는가?

낙엽 2

발갛고 노란 별
떨어져 날리고

빠른 발걸음에 밟혀
땅 위에 눕는다.

찬란한 모든 것들은
아래로 가는 법

누구나 위를 향하는
시대의 아침

별은 또 떨어져
너의 등에 내리는데

하루

누군가
걸어갔던 길
지우개로 지우고
다시 걷는다.

어제의 사람은
누군가를 사랑하여
이 밤을 지새우고
나는 또 그를 사랑하여
밤이 없는 새벽을 기다린다.

해안(海岸)

권태의 육지를
밀고 나와
온몸으로 파도를 맞는다.

어제와 같은 일상은
죽음보다 잔인한 것이므로

때론 그리움
수면 위 노을처럼
벌겋게 태우고 싶었을 거다.

형

가슴으로 세상을 사는 일은
상처 받는 일

길을 가는 날카로운 말들에
마음 찢어지는 일

'그려' 하는 말 뒤
동그란 어깨 위

차디찬 말들은
그치지 않아서

술 한 잔 하는 날
일부러 넘친다.

내편

바람이
내 쪽으로
나를 향해 불어온다.

나의 편인가?

나를 밀어내고
이 자리에 서려고 한다.

내편이 아닌가?

바람이
불어도
편이 있다.

어리석은 마음엔

넘어진 자를 위한 충고

꿈이

여기에 없을 때

부서진 몸뚱이

주워 담기 힘듭니다.

어둠 속에서

어둠이 있는
유리는
거울이다.

진실로
아팠던 자만이
우리를 비춘다.

당부

화장실에서

길을 묻지 마라.

모두 벗다

푸른 들 속에
내 치부 하나 가릴
상처 입은 나뭇잎이라도
떨어져 있길 바랐습니다.

가시 박힌 맨발
고통은 느껴지지 않았습니다.

누구나
신 앞에 부끄럽지 않은
삶은 없으므로

용서 받을 수 없는
용서를 구하기 위해

나는
햇살 아래
모두 벗습니다.

꿈 1

꿈이
누군가에 의해
만들어진 것이라면
젊음은 허상의 감옥

보이지 않는
강제된 자유와 희망은
거짓의 세계

너
푸르른 너
너의 꿈
너의 세상을 꿈꿀지니.

꿈 2

꿈도 삶이다.
기꺼이 살고자 하는 너에겐

꿈을 사는 너에겐
삶은 꿈이다.

꿈처럼 사는 너에겐

기도

추울 땐
뜨거운 차를
두 손으로 공손히
받쳐 들게 되는 것처럼

나 세상 앞에
쪼그라들면
당신 앞에
두 손 하나로 모아봅니다.

그대로

길을 가다 돌부리에 걸려
넘어졌을 때
말씀 하나가 기어와
눈앞에 멈춘다.

'그대로'

재빠르게 일어서는 것만을
배우고 배웠지
남들보다 약한 건
부끄러운 일이라고

일어서지 않고
한동안 넘어져 있을 때
나는 보았네.

'그대로'

어울림

세상을 똑같이 보는 일은 없다.
눈을 합칠 수는 없기 때문이다.

세상을 하나로 만들 수는 있다.
마음과 마음을 합칠 수는 있기 때문이다.

인생

지향!
그것은
삶의 의미

누군들
그렇게
살고자 했겠는가?

타인 시선 향한 곳에
함부로 침 뱉지 마라.

걸음

낙숫물 같은
시간들이
비처럼 끝내 흘러
바다로 가리니

티끌 같은
사연들이
눈처럼 푹푹 쌓여
빙하가 되리니

욕심 없이 걷는
이 길

역사처럼
흐르리니

여행

길 위의
사람을 위하여
사람 안의
길에게 묻다.

또 하나의
사람과
또 하나의
길을 만나

햇살 아래
가을을
푸르게 날다.

옳음에게

품지 못하는
옳음은

더더욱
날카로운
칼날이 될 뿐

언젠가
다시
자신을 향하게 될 뿐.

자본주의

존재하지 않는

마지막

허상의 영광으로

우리는 누군가의

발목을 자르고 있다.

거울을 보며

욕심내지 마라.
단어 하나를 위해
살고 있는 우리

눈을 가린 머리카락
넘기지 마라
사는 일은
그만큼
가려져 있는 일

강

태양보다
먼저 일어선
사람의 눈에

푸르른 갈대 잎보다
날카로운 마음에

가장자리 물결들과
때론
늦게 일어나
조약돌 같은 목소리로

강은 말한다.

생각도 물처럼
흘러간다고.

희망

이유 없는 고통이다
처절한 슬픔이다
그때는

열매하나
여린 가지 끝
미소처럼 달리면

이유 있는 고통이다
찬란한 슬픔이다
이제는

그때는
이제가 되리라

소망

가마솥에 넣고 끓여

홀라당

마셔 버리고 싶은 것은

나의

부끄러운 기억

비 내리는 석양

비가 내리면
길은 너를 안는다.

비오는 길은
너의 마음을 품는다.

나뭇잎 제 할 일
다하고 가던 날

나도 나무처럼
휑하니 서있었다.

누구나 떠날 것을 알지만
너를 품은 길처럼
흔들리는 빛

소나기

돌부리가 사납게 솟구친 강둑에
소년의 벗겨진 검은
등짝에도
화살처럼 쏟아지는
뙤약볕

밭도랑에
휘어진 소나무 세 그루
그늘을 만들다
지치고

수건을 두른
시골 아낙의 목마른 호미질이
섬진강으로 향하는 찰나

세찬 폭포처럼
내리 꽂는 소나기

제3부

기숙사

헤어지고 오는 길
산은 멀어 흐리고

마른 책을 넘기는
젖은 학교 종소리

말 없던 어깨는
더욱 더 작아져

집으로 오는 날
푸르게 웃거라.

딸

재잘재잘
깔깔깔깔
꼴꼴꼴꼴
꺄르르르

달달달달
하얀거짓
호주머니
손이가네

목표달성
끝난후엔
묵묵묵묵
새침데기

아들딸에게

당당해라!

오지 않은 미래에
미리
무릎 꿇지 말고

다가올
결과를
꽃잎처럼 즐겨라.

아이들을 위한 기도

간절한 진실일 때

배반하지 않기를

삶이여!

여행가방

제주도 가신다는
친정어머니의
비행기용 여행 가방을
시집 간 딸은
한 달 전부터 챙겼습니다.

친정 가는 길
까먹을까봐
안방 앞 문 옆에
곱게 마음으로 싸둔
여행가방 하나
다소곳하게 앉아 있었습니다.

여행가방 안에는
40년
못 다한 이야기도
함께 있었습니다.

부자(父子)

세월의 힘이 노래를 부를 때

젊음은 꽃대공을 세운다.

배웅

마지막이라
생각할 때마다
가슴 무너진다.

기차역
어머니의 빠이빠이

배웅

한 번이라도
노부모를 홀로 기차에
올려 보내본 사람은

시간의 무상함을
노래로 부르지 못한다.

떠나가는 기차의
무거운 기적 소리
듣지 못한다.

누군가의
향수와 추억이 된
기차의 이야기를 듣지 못한다.

노부모를 실은
기차를 보내 본 사람은

햇살

스며드는 것들은
모두 외롭다.

세월도 외로움은
밀어내지 못하고
무심한 허공에
눈동자 박힌다.

먼 곳에서
달려오는
햇살

고추를 말리시는
어머니의 눈동자

아비 새

스스로 날 줄 아는
새 한 마리
작은 숲에 남기고

숲을 지나 홀로
망망대해를 비행하는

이미 떠나 버린
사람들의 시간
아련한 기억

참으로 사는 일이란
원을 그리며
점을 찍는 일

썽썽흐다는 것

서리처럼 내린 별빛들이 마당을 덮고,
엄니는 정화수에 두 손을 모았습니다.

가난은 쉽게 떠나지 않았고, 어렵게 얻은 어린 아들마저 아픈 날들이었습니다. 모든 것이 자신의 탓이라고만 여겼던 허름한 엄니는 밤낮을 잊고 일을 하셨습니다.

대마를 입에 물고 잘근 잘근 씹어서 세상과 이별한 사람의 가족들에게 삼베를 팔았습니다. 사람들이 세상을 떠나는 만큼 논과 밭은 늘어났고, 배고픈 자식들은 쌀밥을 먹는 날이 생겼습니다.

삼베를 짜던 물레는 뒤안으로 물러나고 자식들은 도시로 나가 장성했지만, 바람 든 무처럼 뼈가 약해졌다는 의사의 말도 무시한 채, 하얀 눈이 내리는 새벽 마당에서 엄니는 오늘도 정화수에 두 손을 모아 절을 합니다.

다리 하나는 아직 썽썽흐다고.

엄니의 목욕

눈물로도
표현할 수 없는
슬픔은
애잔함

모든 것을
내주고도
원하지 않는
늙은
젖가슴

엄니의 미소

생각의 논리보다
차가운 이성보다
세상이 아름다운 것은
말할 수 없는
따뜻한 마음

고향 떠난
아들 뒷모습
내내 그리워
해질녘
습관처럼
뒤돌아서는 얼굴

한번도
싫지 않았던
아들의 타박
무던히 지나치던
엄니의 미소

전화

엄니 기운 없는
목소리

늙어서 아프다는
맥없는 소리

당장이라도 들리는
고향 발 기차소리

달리는 마음
거친 나의 숨소리

편지

손자, 손녀를 키우다가
함께 한글을 배운
여든의 어머니가
처음으로 아들에게
편지를 썼습니다.

"아프지 말고, 밥 잘 드시게"

저는 이제
밥도 잘 먹고
아픈 곳도 없습니다.

해 1

너의 등 뒤에서
아련한 애잔함이 흐른다.

너를 따라다니기 위해
새벽부터 높은 곳에
오르기를 분주했다.

너를 낳고
세상을 가져서
둠벙둠벙 걷는지
뛰는지 했다.

아침부터 저녁까지
너만 바라보다
밤이 되면
별에게 내 마음을

비췄다.

별이 되어 너를 본다.

해 2

한 번도 너를
잊은 적이 없다.

서울 하늘 아래
홀로 눈물 흘리던
너를 생각하자면

내 가슴 불덩이들
솟아올랐다.

너를 보내고
같은 하늘 아래

밥을 먹는 내가
이글거렸다.

너에게 온기를
기도하였다.

거울

너는
너보다
큰 세상을 비춘다.

너는
너보다
훨씬 큰 세상을 품는다.

엄니가 너를 보신다.

하고 싶은 말

엄니께
제 이야기를 하고 싶습니다.

중3 고향을 떠나던 날부터
외로움은 엄니를 향한 그리움이 되어
서럽기만 했습니다.

엄니 마음은 차라리 쓰라려
자식에게 못다 한 사랑
새벽달에게 들려주셨겠죠?

말하지 못하고
깊이깊이 삼켰던 이야기
이제는 엄니께
어린 아이처럼 투정부리듯 달려들어
밤새도록 동트도록 제 이야기를 하고 싶습니다.

사랑하는 엄니
엄니의 지난 모든 그리움을
애절한 삶을
사진처럼 그림처럼 들어보고 싶습니다.
그렇게 모든 것들 그리고 또 그려서
변치 않는 액자 속에
아름답게 걸어두고 싶습니다.

사랑하는 엄니.

국민학교 도시락

엄니 얼굴처럼
쭈글쭈글
참외장아찌

김칫국 책에
물들어
수줍은 점심

새벽을
휘적이던
엄니의
아쉬움

기차

레일 위를 달리는
고향 가는 기차

어미를 닮아
까맣고 무거운 쇳덩이

평행선 레일 위
마음 같은 기적 소리

끈

끈 풀린
구두를 신고
계단을 오르는
날엔

아니

계단을 오르며
끈 풀린 구두를
발견하는 날엔

아니

끈 풀린 계단이
구두를 밟고
가는 날엔

아니

끈 풀린 내가
계단을 신고
구두를 올라가는 날엔

아니

나 풀린 끈이
계단을 신고
구두를 올라가는 날엔

아니

엄니께 전화 드린 날이 언제였었지?

노모

이제
복수네요.

엄니는
아이처럼
투정을
부리고 있네요.

마음은 갈기갈기
아리고 슬픈데
하릴없이
숨기는 내 얼굴을 보네요.

나는 엄니의
아부지가 되네요.

눈이 오시면

눈이 오시면
고향에 가고 싶다.

마당 구석에 묻은 무를 꺼내
깎아 먹으며
엄니의 눈을 바라보고 싶다.

세상이
하애지면
엄니의 흰 머리카락과
손톱과 손마디를 만지며

처녀 적 이야기를 듣고 싶다.

그 밤

한번도
세상을
미워하지 않았으나

검은 밤
하얀 엄니의
한숨

세상을 꼭
엎을 거라
다짐했던 밤

시골 전화벨

준비되지 않았습니다.
준비하지 않았습니다.

아직

이별은
때가 아닙니다.

드릴 말씀이
함께 할 일들이
너무 많습니다.

전화는 제가 드리겠습니다.

아부지의 냉장고

어머니 병원 입원했다고

건조하게 말씀하신

아버지 방 냉장고 안에

2006년 유통기한 음식이

2012년 11월에 버젓이 살아있었습니다

참 질기게도 살아온 음식을

몰래 버리면서

나의 가슴도 버렸습니다.

엄니 걱정

솥단지 똥구녕

네 개에다 불은 지필라믄

혼자 벌어갖고

어찌흔대

이야기

엄니는 열아홉에 시집오셨대요.
시집와보니 집에는 숟가락 두 개, 젓가락 두 개만 살강 위에 있었답니다.
아부지는 매일 아침 망태기에 책을 담아서
앞산에 가서 읽고, 해질녘쯤 내려오셨다네요.

엄니는 밤에는 삼베를 짜셨고,
낮에는 소작을 부치셨습니다.
시어머니, 시할머니, 시할아버지는
독자인 아부지를 많이 아끼셨다고….
옆집 아짐은 말해주시곤 하셨습니다.
그리고 지당떡, 니네 엄니는 죽어라 일만 하셨다고

서울로 전학을 가기 전까지도 칫간 벽은
삼베 재료인 대마 줄기로 엮어져 있었던 걸 보면 엄니는 무던히도 많이 삼베를 짜셨나 봅니다.

울엄니 시집오신 지 20년 만에 낳은
이대독자인 나는 일하기가 싫어
공부하겠다고 거짓 핑계를 대기도 하고
친구들과 놀러 가서 밤늦게 돌아오기도 했습니다.

어느 날, 앞 산 큰 뫼똥에 비석을 세우는 걸 보고 엄니가 그러시더군요.
"너도 잘 돼서 에미 산소에 비석이나 하나 세워달라고"

그때부터 공부를 열심히 했습니다.
엄니를 행복하게 해드리는 것이 뭐 엄청난 것은 아니구나 생각하면서

고향을 떠나 삼십년이 되었습니다.
부모님이 전화로는 아들 목소리를 잘 못 알아들으시니
조만간 내려가야겠습니다.

같이 밥 먹고, 잠자고, 일하기 싫다고 핑계도 대고, 마당에서 모닥불에 고기도 굽고, 소주도 한잔 해야겠습니다.

전화통화

저예요

누구냐?

잉~ 너냐?

집이냐?

학교냐?

아직도~

밥은 묵었제?

네 식구 건강해야해

항상 차 조심하고.

니가 고생이 많다.

니가 고생이 많어, 고생이….

정전

어두운 아침엔 할 일이 없다.
바쁘던 날들의 이유는 사라지고
왜 그리 사람들은 빠르게 걸었는지

오고가는 사람들의 발길이 가볍다.
키보드 소리대신 아이들의 재잘재잘
마우스 클릭대신 책 넘기는 소리

소중한 몸짓은 고요에서 오는 법
지내온 사람들의 따스한 호흡
어둠의 선물에 찬란한 아침

호롱불 아래 삼베 짜던
어머니는 어땠을까?

치약

자신을 쥐어짜

쪼그라들고

등이 휘는

부모.

병원에서

굽어진 엄니 작은 몸에
엑스레이 기계가 다가가는 동안
가는 팔목에 거머리 같은
바늘이 야금야금 들어가는 동안

내가 어렸을 때부터
몰래 몰래
어머니 젖을 훔쳐 먹은 것을
들킨 것 같아

차마 고개를 들지 못합니다.

엄니

안양역 전철 다섯 번째 칸 세 번째 출입문 5-3
수화기가 터지도록 카랑카랑 말하던 누님의 목소리
귀한 아들 피해준다고 한사코 혼자 다녀보시겠다는 엄니
평택역 전철 다섯 번째 칸 세 번째 출입문 5-3
엄니는 그 전철 다섯 번째 칸 세 번째 출입문 5-3에서 내리시지 않았습니다.
다른 칸 다른 어떤 출입문에서도 엄니는 보이지 않았습니다.
늙었지만 귀엽고, 얼굴에 주름이 많지만 여전히 깜찍한 울엄니를 미친 듯이 찾아 다녔지만 있으셔야 할 곳에, 나타나야 할 곳에서 보이지 않았습니다.

한글이라도 아는 노인네였다면

혼자서도 나의 집을 찾아올 수 있으련만

공중전화 부스에서 전화를 하실 수만 있다면

나에게 전화라도 할 수 있으련만

그 흔하디 흔한 휴대폰이라도 사서 엄니 목에 걸어드렸더라면 단축키 1번에 나의 사랑 엄니의 목소리가 바로 들려왔을 텐데

아름다운 섬진강변 고향을 떠나

못난 아들의 그 아들, 딸을 키워주시겠다고

아들, 며느리 힘든 직장생활에

애들이라도 봐 주시겠다고 올라오신

울엄니가 사라지고 보이지 않았습니다.

한 번도 따뜻하게 안아드리지 못했던 엄니

단 한 번도 사랑한단 말 한마디 안겨드리지 못했던 울엄니

역 관계자에게 부탁을 해 연거푸 방송을 했습니다.

다른 역에도 신고를 하고, 경찰서에도 연락을 해놓았습니다. 시간 가는 줄 모르고 밤늦도록 엄니를 찾아 헤맸습니다.
어머니는 기어이 보이지 않았습니다.

세상에 이런 일이 또 있을까요?
거짓말처럼, 숨바꼭질처럼
엄니는 늘 그렇듯이 고향처럼,
우리 집 거실 구석에 단아하게 앉아계셨습니다.
아들이 보이지 않아 물어물어 버스를 타고 집으로 오셨답니다.

잘 할게요 엄니
아들 노릇 제대로 할 테니 더 이상 사라지진 마세요.
귀엽고 깜직한 울엄니.

모의고사 2교시

샤프 연필
땅벌 소리처럼
책상에 부딪는 소리

만점의 꽃을 향하여
돌진

인생은

　·

　·

　·

버려진 답안지.

중간고사

질끈 묶은 머리는
하늘 향한 물음표

숨소리도 요란한
교실의 팽팽함

지식의 파편들은
백지 위 거드름

잡것들 비켜서는
묵언(默言) 수행

아이 학교 가는 길

아이를 보았지
등굣길 아침

분홍 가방
분홍 머리띠
분홍 머리핀
분홍 발걸음

왼 발 왼 발 깡깡
오른 발 오른 발 총총

분 홍 분 홍
깡 깡 총 총

아 이 학 교 가 는 길

고3 교실

흐린 새벽 유리창에
아침 비친다.

차마 못 이룬 밤을
채우지 못하고

아이는 꿈속으로
책을 덮는다.

구름 흘러간 자리
는개 내리고

비오는 유리창에
바람 스친다.

교사

순결한 생각은
모여서
새로운 세상의 지표가 된다.

아이들을 마음에 두고
하루를 건너 온 사람들은
넉넉한 미소의 배경이 된다.

걸어온 길 내내
아름다운 세상을 잃지 않은
얼굴의 주름은
고즈넉한 평화의 강줄기 된다.

다가가지 않아도
푸른 들은 손을 잡고
노래를 한다.

교실 가는 길

유리창 너머
풍경은
추억처럼
<u>흐르고</u>

들판
억새들은
파도처럼
춤추는데

잠에 갇힌
아이들은
액자 같은
꿈

선생님

아이들을
마음에 두고 사는 사람은

가슴 안에
아름다운
세상 하나 품고 있다.

차라리
더럽고 추한 이 세상
모두 껴안아 녹인다.

서서히
<u>스스로를</u>
사그라뜨려.

수박 팔러 가는 길

수레에
잘난 놈부터
차례차례 싣는다.

다 싣고
못난 놈들은 남겨진다.

교실에 자고 있는
아이들처럼

시험

한 놈은 문제 풀고
한 놈은 엎어졌고
한 놈은 다리 떨고
한 놈은 하품하고
한 놈은 코 후비고
한 놈은 머리 긁고

아이들 시험 시간
기발한 문제 풀이

종이 나면
모두 같은
종이 답안지

점심시간

펄럭이는 대자보
펄럭이는 포스터
펄럭이는 깃발
펄럭이는 교복

배고픈 뜀박질

뛰어가는 점심시간

울컥

아침
등교하는 아이들을 보며
울컥

손에 손 잡고 오는
짝꿍들을 보며
울컥

교정 위
파란 하늘을 보며
울컥

아이들의
살아온 날들과
살아갈 시간들을 생각하며
울컥

누군가의
아들과 딸이라는 생각을 하며
울컥

나도 아들이고
아버지라는 사실을 생각하며
울컥

모두를 사랑하여
울컥

어제
너를
마신 술도
울컥

학생들에게

바람에 뒹구는
낙엽을 보았다.

모든 것을 다한 후
어디론가 향하는
어미, 아비들의 발걸음

시대는 갔으나
역사는 남는 법

먼저 간 자들의
영혼으로 크는

미래의 나무여!

젊음에게

불안은 가능성
무한한 열려있음
희망

새로움

미래에 대한
부정(不定)이야말로
모든 것의 가능성

최종

살아있음에 대한 감사로 종료한다.
이렇게 귀한 시간이라는 감사로 종료한다.
어떤 상황이라도 이렇게 있음으로 인해
다른 모든 걸 종료한다.

인간에 대한 감동은
옳아서가 아니다.
정의여서가 아니다.

이성을 뛰어넘는
판단을 뛰어넘는
그 어디에선가 출발한다.

어머니의 이름처럼.

정인효 감성시집

순간=영원

초판 1쇄 발행 2016년 12월 5일

지은이 정인효
펴낸이 방성열
펴낸곳 다산글방

출판등록 제313-2003-00328호
주소 서울특별시 마포구 동교로 36
전화 02) 338-3630
팩스 02) 338-3690
E-mail iebookblog@naver.com
홈페이지 www.iebook.co.kr

ⓒ 정인효, 2016, Printed in Korea

이 책은 저작권법에 따라 보호받는 저작물이므로 무단전재와 무단복제를 금하며,
내용의 일부 또는 전부를 이용하려면 저작권자와 다산글방의 동의를 받아야 합니다.

ISBN 978-89-94384-99-3 03810

잘못 만들어진 책은 구입하신 서점에서 교환해 드립니다.
책값은 뒤표지에 표시되어 있습니다.